Impressum
Verlag: BABADADA GmbH, Nedderfeld 112 , 22529 Hamburg
Geschäftsführer / Verlagsleitung: Harald Hof
Druck: Books on Demand GmbH, In de Tarpen 42, 22848 Norderstedt

Imprint
Publisher: BABADADA GmbH, Nedderfeld 112 , 22529 Hamburg, Germany
Managing Director / Publishing direction: Harald Hof
Print: Books on Demand GmbH, In de Tarpen 42, 22848 Norderstedt, Germany

fasal
Sala lekcyjna

qeybi
dzielić

$186/2$

sabuurad
Tablica

macallin
Nauczyciel

barxad dugsi
Dziedziniec szkolny

warqad
Papier

qorraxeed
pisać

qalin
Pisak

miis
Biurko

mastarad
Liniał

buug
Książka

arday
Uczeń

boorso

Plecak szkolny

kiis qalin-qori

Piórnik

qalin-qori

Ołówek

koobka qalin qor

Temperówka

titirre

Gumka do mazania

qaamuus sawiro leh

Słownik ilustrowany

buugga sawirka
Blok rysunkowy

sawirid
Rysunek

burushka midabaynta
Pędzel

gasaca midabaynta
Pudełko z akwarelami

maqasyo
Nożyce

koollo
Klej

buug qoraal
Książka do ćwiczenia

shaqo-guri
Zadanie domowe

lambar
Liczba

ku dar
dodawać

ka jar
odejmować

ku dhufo
mnożyć

xisaabi
liczyć

warqad
Litera

alifbeeto
Alfabet

erey

Słowo

qoraal

Tekst

akhri

czytać

jeesto

Kreda

cahsar

Godzina

diiwaan

Dziennik lekcyjny

imtixaan

Egzamin

shahaado

Świadectwo

direes dugsi

Mundurek szkolny

waxbarasho

Wykształcenie

diwaan mowduuceed

Leksykon

jaamacad

Uniwersytet

mayskariskoob

Mikroskop

khariidad

Mapa

haan qashin-gur

Kosz na odpadki

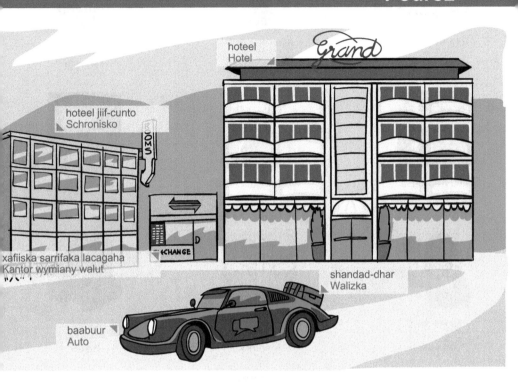

hoteel
Hotel

hoteel jiif-cunto
Schronisko

xafiiska sarrifaka lacagaha
Kantor wymiany walut

shandad-dhar
Walizka

baabuur
Auto

luuqad

Język

haa / maya

tak / nie

Hagaag

OK

nabad miyaa

Halo

turjumaan

Tłumacz

Waad mahadsan tahay

Dziękuję

waa immisa...?

Ile kosztuje ...?

ma aanan fahamin

Nie rozumiem

dhibaato

Problem

galab wanaagsan!

Dobry wieczór!

subax wanaagsan!

Dzień dobry!

habeen wanaagsan!

Dobranoc!

nabad gelyo

Do widzenia

jiho

Kierunek

alaabo

Bagaż

boorso

Torba

boorso-dhabar

Plecak

marti

Gość

qol

Pokój

katiifad

Śpiwór

teendho

Namiot

xog dalxiis

Informacja turystyczna

xeebta

Plaża

kaar amaah

Karta kredytowa

quraac

Śniadanie

qado

Obiad

casho

Kolacja

rasiid

Bilet

wiish

Winda

tiimbare

Znaczek na list

xuduud

Granica

qeybta-canshuur-bixinta

Cło

safaarad

Ambasada

dal ku gal

Wiza

baasaboor

Paszport

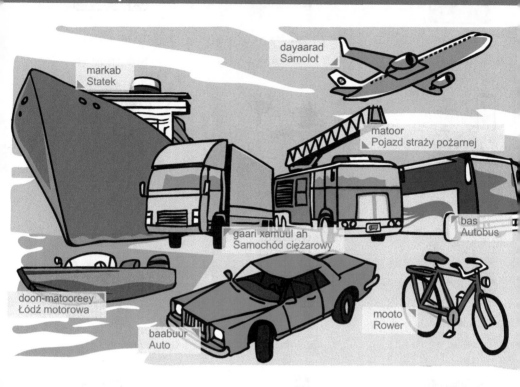

dayaarad
Samolot

markab
Statek

matoor
Pojazd straży pożarnej

bas
Autobus

gaari xamuul ah
Samochód ciężarowy

doon-matooreey
Łódź motorowa

mooto
Rower

baabuur
Auto

doon

Prom

doonnida

Łódź

mooto

Motocykl

baabuur booliis

Radiowóz policyjny

baabuur baratan

Samochód wyścigowy

baabuur la-kiraysto

Samochód wypożyczony

gaadiid-wadaag

Wspólne przejazdy
samochodem

wiishle

Samochód pomocy
drogowej

gaari qashin-gure

Śmieciarka

matoor

Silnik

shidaal

Benzyna

ajib

Stacja benzynowa

calaamad taraafiko

Znak drogowy

taraafiko

Ruch

jaam baabuur

Korek

baarkin-baabuur

Parking

boosteejo tareen

Dworzec

waddo-tareen

Szyny

tareen

Pociąg

taraam

Tramwaj

gaari faras

Wagon

helikobtar

Helikopter

garoonka dayuuradaha

Lotnisko

manaarad

Wieża

rakaab

Pasażer

weel

Kontener

kartoon

Karton

gaari faras

Taczka

dambiil

Kosz

kicid / degis

startować / lądować

magaalo
Miasto

tuulo

Wieś

faras magaale

Centrum miasta

guri

Dom

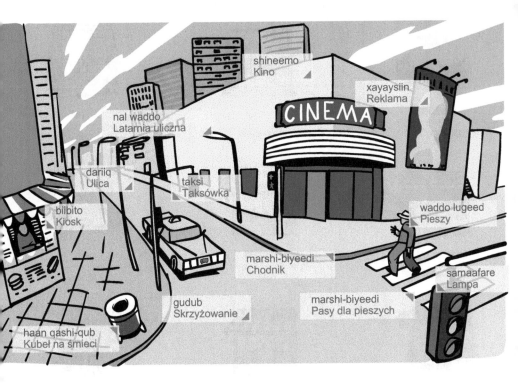

shineemo
Kino

xayaysiin
Reklama

nal waddo
Latarnia uliczna

dariiq
Ulica

taksi
Taksówka

bilbito
Kiosk

waddo lugeed
Pieszy

marshi-biyeedi
Chodnik

samaafare
Lampa

gudub
Skrzyżowanie

marshi-biyeedi
Pasy dla pieszych

haan qashi-qub
Kubeł na śmieci

mundul

Chata

dabaq

Mieszkanie

boosteejo tareen

Dworzec

xarunta dowladda-hoose

Ratusz

matxaf

Muzeum

dugsi

Szkoła

magaalo - Miasto

jaamacad

Uniwersytet

bangi

Bank

isbitaal

Szpital

hoteel

Hotel

farmasi

Apteka

xafiis

Biuro

buug shoob

Księgarnia

dukaan

Sklep

dukaan ubax

Kwiaciarnia

carwo

Supermarket

suuq

Rynek

suuq weyne

Dom towarowy

kalluun-iibshe

Sklep z rybami

suuq

Centrum handlowe

furdo

Port

jardiino

Park

kursi

Ławka

buundo

Most

jaraanjaro

Schody

waddo-tareen-hoosaad

Metro

waddo-dhul hoose

Tunel

boosteejo

Przystanek autobusowy

baar

Bar

makhaayad

Restauracja

sanduuq boosto

Skrzynka na listy

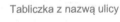

calaamad waddo

Tabliczka z nazwą ulicy

joogid-cabbire

Parkometr

beer-xayawaan

Zoo

barkad dabbaalasho

Łaźnia

masaajid

Meczet

beer
....
Gospodarstwo chłopskie

naqas
....
Zanieczyszczenie
środowiska

qabuuro
....
Cmentarz

kaniisad
....
Kościół

garoon
....
Plac zabaw

macbad
....
Świątynia

muqaal-dhireed
Krajobraz

caleen
Liść

calaamad-waddo
Drogowskaz

waddo
Droga

seere
Łąka

dhagax
Kamień

geed
Drzewo

buur korre
Wędrowiec

webi
Rzeka

caws
Trawa

ubax
Kwiat

dooxo

Dolina

buur

Góra

laag

Jezioro

kayn

Las

saxare

Pustynia

foolkaano

Wulkan

qasri

Zamek

qaanso-roobaad

Tęcza

barkin-waraabe

Grzyb

geed timireed

Palma

kaneeco

Komar

duqsi

Mucha

qoraanjo

Mrówka

shinni

Pszczoła

caaro

Pająk

dameer-duudeey

Chrząszcz

rah

Żaba

dabagaalle

Wiewiórka

kashiito

Jeż

dabagaalle

Zając

guumeys

Sowa

shimbir

Ptak

boolo-boolo

Łabędź

doofaar-jilibeey

Dzik

deero

Jeleń

faras-duur

Łoś

biyo-xireen

Tama

tamar-dhaliye

Wiatrak

soollar

Moduł solarny

cimilo

Klimat

kabalyeeri
Kelner

warqad qiimo
Menu

kursi
Krzesło

maraq
Zupa

biise
Pizza

alaab
Sztućce

maro-miis
Obrus

af-billow

Przystawka

cunto bariimo

Danie główne

macmacaan

Deser

cabitaan

Napoje

cunto

Jedzenie

dhalo

Butelka

cunto diyaarsan

Fastfood

cunto-waddo

Streetfood

jalmad shaah

Dzbanek na herbatę

weelka sonkorta

Cukierniczka

qayb

Porcja

mashiinka isbareesada

Zaparzarka do espresso

kursi dheer

Krzesło dla dziecka

biil

Rachunek

tereey

Taca

mindi

Nóż

fargeeto

Widelec

qaaddo

Łyżka

malqacad-shaah

Łyżeczka

shukumaan miis

Serwetka

galaas

Szklanka

saxan

Talerz

saxanka maraqa

Talerz do zupy

saxan

Podstawek pod filiżankę

suugo

Sos

weelka cusbada

Solniczka

basbaas shiide

Młynek do pieprzu

fixiye

Ocet

saliid

Olej

dhandhanaan

Przyprawy

suugo

Keczup

mastaard

Musztarda

mayoonees

Majonez

qiima dhimis qaas ah
Oferta

macmiil
Klient

caano
Produkty mleczne

gaariga adeega
Wózek sklepowy

miro
Owoce

kawaan

Rzeźnia

foorno

Piekarnia

cabbir

ważyć

khudaar

Warzywa

hilib

Mięso

cunto la qaboojiyay

Mrożonki

hilibka qadada

Wędliny

cunto gasacadeysan

Konserwy

oomo

Proszek m do prania

macmacaan

Słodycze

alaabada guri

Artykuły użytku domowego

alaabo nadaafad

Środek czyszczący

iibshe

Sprzedawczyni

diiwaan lacagta

Kasa

qasnaji

Kasjer

liis adeeg

Lista zakupów

saacadaha shaqo

Godziny otwarcia

shandada jeebka

Portfel

kaar amaah

Karta kredytowa

bac

Torba

bac

Torebka plastikowa

biyo

Woda

casiir

Sok

caano

Mleko

kooka-kola

Cola

khamri

Wino

biir

Piwo

khamri

Alkohol

kooke

Kakao

shaah

Herbata

kafee

Kawa

isberesso

Espresso

koobishiin

Cappuccino

muus

Banan

tufaax

Jabłko

liin-bambeelmo

Pomarańcza

qare

Arbuz

liin

Cytryna

karooto

Marchew

toon

Czosnek

baambuu

Bambus

basal

Cebula

barkin-waraabe

Grzyb

loos

Orzechy

baasto

Makaron

baasto

Spaghetti

bariis

Ryż

salar

Sałatka

jibsi

Frytki

baradho shiilan

Ziemniaki pieczone

biise

Pizza

haambeegar

Hamburger

saanwij

Kanapka

hilib-jiir

Sznycel

hilib-doofaar

Szynka

salami

Salami

sooseej

Kiełbasa

hilib-digaag

Kura

duban

Pieczeń

kalluun

Ryba

sareenta mashaarida

Płatki owsiane

quraac isku-dhafan

Musli

daango

Płatki kukurydziane

bur

Mąka

nooc rooti ah

Croissant

rooti

Bułka

rooti

Chleb

rooti-la-kulluleeyey

Toast

buskud

Ciastka

subag

Masło

hanti

Twarożek

doolsho

Ciasto

ukun

Jajko

ukun shiilan

Jajko sadzone

burcad

Ser

jalaato

Lody

sonkor

Cukier

malab

Miód

malmalaado

Marmolada

labeen macmacaan

Krem nugatowy

suugo

Curry

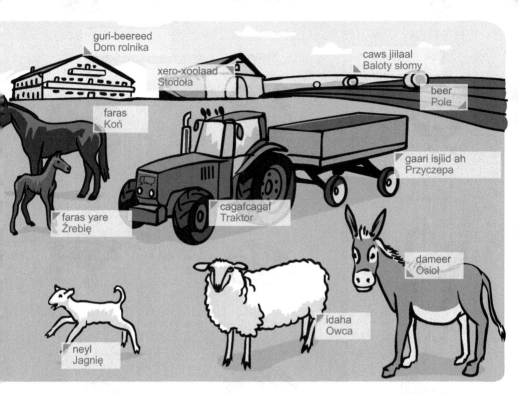

guri-beereed
Dom rolnika

caws jiilaal
Baloty słomy

xero-xoolaad
Stodoła

beer
Pole

faras
Koń

gaari isjiid ah
Przyczepa

faras yare
Źrebię

cagafcagaf
Traktor

dameer
Osioł

idaha
Owca

neyl
Jagnię

ri'

Koza

sac

Krowa

weyl

Cielę

doofaar

Świnia

dhal doofaar

Prosię

dibi

Byk

bawaato lab

Gęś

bawaato

Kaczka

jiijiile

Kurczątko

digaag

Kura

diiq

Kogut

doolli

Szczur

bisad

Kot

jiir

Mysz

dibi

Osioł

eey

Pies

hoyga eeyga

Buda dla psa

tuubbo waraab

Wąż ogrodowy

sakeelka waraabinta

Konewka

gudin

Kosa

carro-roge

Pług

gudin

Sierp

yaambo

Graca

fargeeto caws-beereed

Widły

faas

Siekiera

gaari -gacan

Taczka

dar

Koryto

dhalada caanaha

Kanka na mleko

jawaan

Worek

deer

Płot

xero xooleed

Stajnia

gur-biqlin-dhireed

Szklarnia

ciidda

Ziemia

abuuka

Nasiona

bacrimiye

Nawóz

cagafta beer-goynta

Kombajn zbożowy

beer-goyn

zbierać

beer-gooyn

Żniwa

moxog

Podchrzyn

sarreen

Pszenica

soya

Soja

baradho

Ziemniak

galley

Kukurydza

geed-saliideed

Rzepak

geed mirood

Drzewo owocowe

moxog

Maniok

firiley

Zboże

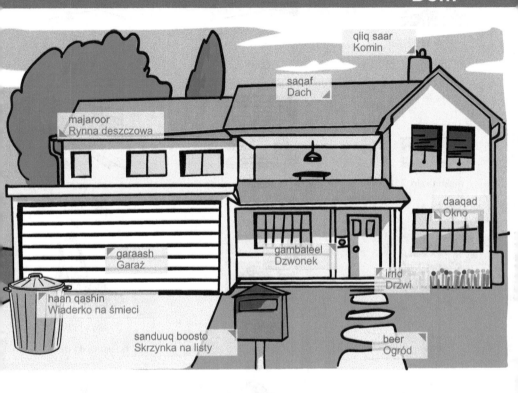

qiiq saar
Komin

saqaf
Dach

majaroor
Rynna deszczowa

daaqad
Okno

garaash
Garaż

gambaleel
Dzwonek

irrid
Drzwi

haan qashin
Wiaderko na śmieci

sanduuq boosto
Skrzynka na listy

beer
Ogród

qol jiib

Pokój dzienny

musqul-qubeys

Łazienka

jiko

Kuchnia

qolka jiifka

Sypialnia

qolka ilmaha

Pokój dziecięcy

qolka cuntada

Jadalnia

sagxad

Ziemia

derbi

Ściana

saqaf

Koc

makhaasiin

Piwnica

soona

Sauna

balakoon

Balkon

daarad

Taras

barkad

Basen

caws-jare

Kosiarka do trawy

buste

Poszwa

go'

Kołdra

sariir

Łóżko

xaaqin

Miotła

baaldi

Wiadro

daare-damiye

Włącznik

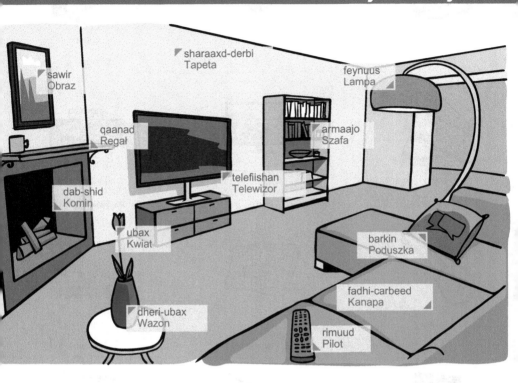

sawir
Obraz

sharaaxd-derbi
Tapeta

feynuus
Lampa

qaanad
Regał

armaajo
Szafa

dab-shid
Komin

telefiishan
Telewizor

ubax
Kwiat

barkin
Poduszka

fadhi-carbeed
Kanapa

dheri-ubax
Wazon

rimuud
Pilot

roog

Dywan

daah

Zasłona

miis

Stół

kursi

Krzesło

kursi wareega

Bujak

kursi fadhi

Fotel

buug

Książka

buste

Sufit

qurxin

Dekoracja

xaabo

Drewno kominkowe

filin

Film

cod-baahiye

Instalacja stereo

fure

Klucz

wargeys

Gazeta

rinjiyeyn

Malunek

tabeelo

Plakat

raadiye

Radio

xusuus-qor

Notatnik

huufar

Odkurzacz

tiitiin

Kaktus

shumac

Świeczka

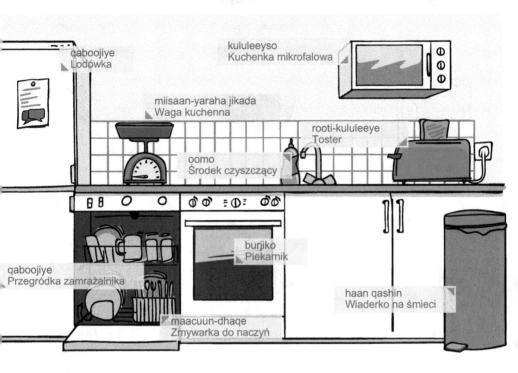

qaboojiye
Lodówka

kululeeyso
Kuchenka mikrofalowa

miisaan-yaraha jikada
Waga kuchenna

rooti-kululeeye
Toster

oomo
Środek czyszczący

burjiko
Piekarnik

qaboojiye
Przegródka zamrażalnika

haan qashin
Wiaderko na śmieci

maacuun-dhaqe
Zmywarka do naczyń

kuuker

Kuchenka

dheri

Garnek

birtaawo

Kocioł żeliwny

birtaawo

Wok / Kadai

birtaawo

Patelnia

kirli

Czajnik

uumiye

Parowar

saxaarad dubista

Blacha do pieczenia

maacuun

Naczynia kuchenne

bakeeri

Kubek

baaquli

Miska

qoryo wax lagu cuno

Pałeczki

malqacad

Nabierka

qaado

Łopatka do smażenia

folow

Trzepaczka do śmietany

miire

Cedzak

shashaq

Sitko

qudaar-jare

Tarka

mooye

Moździerz

hilib-sol

Grillowanie

dab

Palenisko

alwaaxa wax-jar-jarka

Deska

ul jabaati

Wałek do ciasta

guf-saare

Korkociąg

gasac

Puszka

gasac-fure

Otwieracz do puszek

istaraasho-jiko

Ściereczka do trzymania garnka

saxanka-alaab-dhaqa

Umywalka

caday

Szczotka

isbuunyo

Gąbka

shiide

Mikser

qaabojin qoto-dheer

Zamrażarka

masaasad

Butelka dla niemowlęcia

tuubbo

Kran

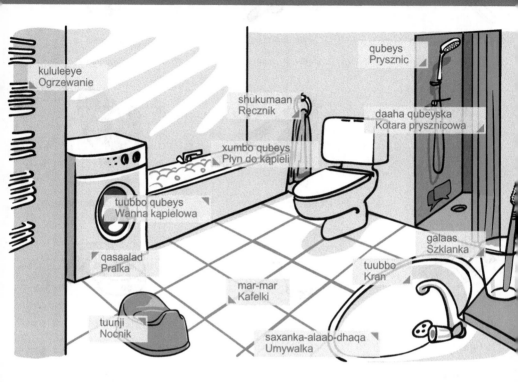

qubeys
Prysznic

kululeeye
Ogrzewanie

shukumaan
Ręcznik

daaha qubeyska
Kotara prysznicowa

xumbo qubeys
Płyn do kąpieli

tuubbo qubeys
Wanna kąpielowa

galaas
Szklanka

qasaalad
Pralka

tuubbo
Kran

mar-mar
Kafelki

tuunji
Nocnik

saxanka-alaab-dhaqa
Umywalka

musqul

Toaleta

musqusha fadhiga

Toaleta kuczna

siin

Bidet

weel kaadi

Pisuar

tiish musqul

Papier toaletowy

burushka musqusha

Szczotka toaletowa

caday

Szczoteczka do zębów

daawo caday

Pasta do zębów

dunta ilka farashada

Nitki do czyszczenia zębów

dhaq

myć

gacan qubeys

Głowica prysznicowa

tuubo-musqul

Płyn kąpielowy do higieny intymnej

beeshin

Miska do mycia

burush-qubeys

Szczotka kąpielowa

saabuun

Mydło

shaambo

Żel prysznicowy

shaambo

Szampon

cago-saar

Rękawica kąpielowa

biyo-saare

Odpływ

kareem

Krem

carfiso

Dezodorant

muraayad

Lustro

muraayad gacmeed

Lustro kosmetyczne

sakiin

Golarka

xumbada xiirashada

Pianka do golenia

daawo gar-xiir

Woda po goleniu

shanlo

Grzebień

burush

Szczotka

fooneeye

Suszarka do włosów

timo-buufis

Spray do włosów

waji-qurxiye

Makijaż

rooseeto

Pomadka

cidiyo-nadiifiye

Lakier do paznokci

dun

Wata

cidiyo-jar

Nożyczki do paznokci

baarafuun

Perfum

boorso-wajidhaq

Kosmetyczka

saxaro

Taboret

miisaan culays

Waga

dhar-qubeys

Szlafrok kąpielowy

gacma gashi cinjir

Rękawice gumowe

tambooni

Tampon

tiimshe

Podpaska damska

musqul kiimiko

Toaleta chemiczna

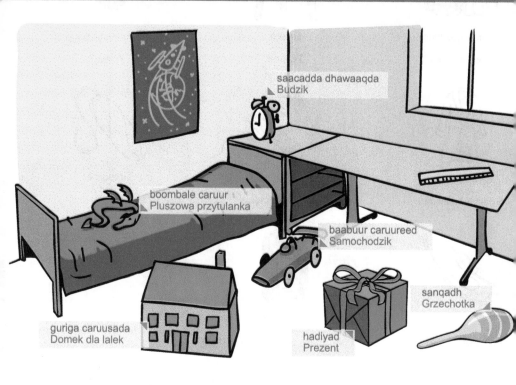

saacadda dhawaaqda
Budzik

boombale caruur
Pluszowa przytulanka

baabuur caruureed
Samochodzik

sanqadh
Grzechotka

guriga caruusada
Domek dla lalek

hadiyad
Prezent

buufin

Balon

sariir

Łóżko

gaariga caruurta

Wózek dziecięcy

turub

Gra w karty

miinshaar

Puzzle

maad

Komiks

bulkeeti boombale ah

Klocki lego

tooy

Klocki

sanam

Action figura

isku-jooga dhallaanka

Śpioszek dziecięcy

aalad cayaar

Frisbee

moobaayl

Zabawki ruchome

khamaar

Gra planszowa

laadhuu

Kości

moodo tareen

Kolejka elektryczna

boombale

Smoczek

xaflad

Przyjęcie

buug sawirro

Książka z ilustracjami

kubbad

Piłka

boombale

Lalka

cayaar

bawić się

dhoobo-dhoobeey

Piaskownica

wiifoow

Huśtawka

alaab-alaabeey

Zabawki

geemka gacanta laga hago

Konsola do gier

baaskiil

Rowerek trójkołowy

boombale

Pluszowy miś

armaajo dhar

Szafa ubraniowa

dhar
Ubiór

sigisaan

Skarpety

sigsaan haween

Pończochy

surwaal-dhuuqsan

Rajstopy

masar
Szal

dallad
Parasol

funaanad
T-Shirt

suun
Pasek

kabo buud
Kozaki

dacas
Pantofle domowe

kabo tababar
Obuwie sportowe

saandalo

Sandały

kabo

Buty

kabo roob

Kalosze

hoos-gashi

Majtki

rajabeeto

Biustonosz

garan

Podkoszulek

jir

Body

surwaal

Spodnie

surwaal jeenis

Dżins

goono

Spódnica

canbuur

Bluzka

shaati

Koszula

funaanad-dhaxameed

Pulower

garan dhaxameed

Bluza sportowa

jaakad fudud

Marynarka

jaakad

Kurtka

koodh

Płaszcz

koodhka roobka

Płaszcz przeciwdeszczowy

dhar-munaasabadeed

Kostium

labbis

Sukienka

lebbis aroos

Suknia ślubna

suut

Garnitur męski

dhar-hurdo

Koszula nocna

bajaamo

Piżama

saari

Sari

masar

Chusta na głowę

cimaamad

Turban

cabaayad

Burka

saako

Kaftan

cabaayad

Abaya

dharka-dabaasha

Strój kąpielowy

dabo-gaabyo

Kąpielówki

surwaal-dabagaab

Krótkie spodnie

taraak-suut

Dres sportowy

dufan-dhowr

Fartuch

gacmo gashi

Rękawiczki

galluus

Guzik

ookiyaale

Okulary

jijin

Bransoletka

silis

Łańcuszek

faraati

Pierścionek

dhego dhego

Kolczyk

koofiyo

Czapka

katabaan

Wieszak

koofiyad

Kapelusz

garabaati

Krawat

jiinyeer

Zamek błyskawiczny

helmed

Kask

ilko-reeb

Szelki

direes dugsi

Mundurek szkolny

direes

Mundur

cayo-dhowr
Śliniaczek

boombale
Smoczek

maro-dufeed
Pieluszka

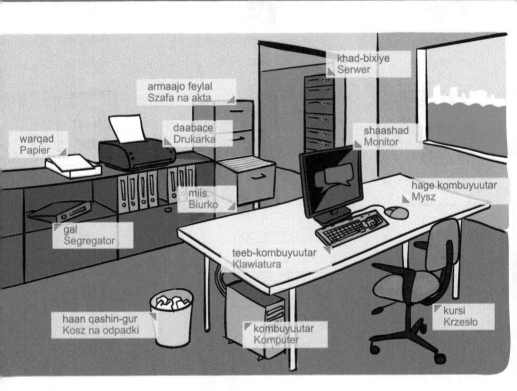

khad-bixiye
Serwer

armaajo feylal
Szafa na akta

daabace
Drukarka

shaashad
Monitor

warqad
Papier

miis
Biurko

hage kombuyuutar
Mysz

gal
Segregator

teeb-kombuyuutar
Klawiatura

haan qashin-gur
Kosz na odpadki

kombuyuutar
Komputer

kursi
Krzesło

koob kafee
Filiżanka do kawy

kalkuleytar/xisaabiye
Kalkulator

internet
Internet

laabtoob

Laptop

bakhshad

List

fariin

Wiadomość

moobaayl

Komórka

shabakad-kombuyuutar

Sieć

footokoobi

Kopiarka

barnaamij-kombuyuutar

Oprogramowanie

telefoon

Telefon

god koronto

Gniazdko

mishiinkan fax-ka

Faks

foomka

Formularz

dokumenti

Dokument

iibso
kupić

bixi
płacić

ganacso
postępować

lacag
Pieniądze

doollar
Dolar

yuuro
Euro

yenka jabbaan
Jen

robolka ruushka
Rubel

Franka iswiiska
Frank

lacagta shiinaha
Juan Renminbi

rubiyada hindiga
Rupia

maqal
Bankomat

xafiiska sarrifaka lacagaha

Kantor wymiany walut

dahab

Złoto

qalin

Srebro

shidaal

Olej

tamar

Energia

qiime

Cena

qandaraas

Umowa

canshuur

Podatek

raasumaal

Akcja

shaqee

pracować

shaqaale

Pracownik umysłowy

shaqaaleysiiye

Pracodawca

warshad

Fabryka

dukaan

Sklep

sarkaal booliis
Policjant

dab-demiye
Strażak

cunto-kariye
Kucharz

dhakhtar
Lekarz

duuliye
Pilot

beeralley

Ogrodnik

nijaar

Stolarz

timo-qurxiso

Krawcowa

qaaddi

Sędzia

farmashiiste

Chemik

jile

Aktor

darawal bas

Kierowca autobusu

taksiile

Taksówkarz

kalluumeyste

Fischer

nadiifiso

Sprzątaczka

saqaf-dhise

Dekarz

kabalyeeri

Kelner

ugaarsade

Myśliwy

rinjiile

Malarz

rooti-dube

Piekarz

koronto-yaqaan

Elektryk

dhise

Robotnik budowlany

injineer

Inżynier

kawaanle

Rzeźnik

tuubbiiste

Instalator

boostaale

Listonosz

askari

Żołnierz

injineer-dhismo

Architekt

qasnaji

Kasjer

ubax-yaqaan

Florysta

timo-jare

Fryzjer

kiro-uruuriye

Konduktor

makaanik

Mechanik

kabtan

Kapitan

dhakhtar-ilko

Dentysta

saaynisyahan

Naukowiec

wadaad yahuud

Rabin

imaam

Imam

xerow

Mnich

wadaad

Proboszcz

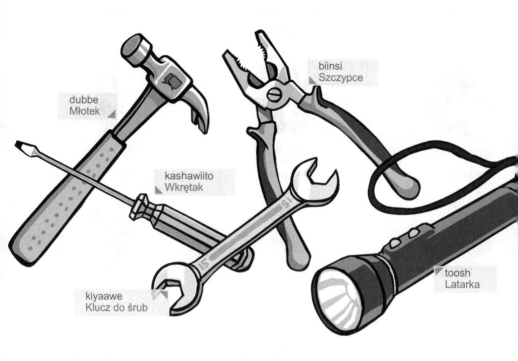

dubbe
Młotek

biinsi
Szczypce

kashawiito
Wkrętak

kiyaawe
Klucz do śrub

toosh
Latarka

dhul-qoddo

Koparka

qalab-xajiye

Skrzynka narzędziowa

jaraanjaro

Drabina

miinshaar

Piła

musbaarro

Gwoździe

dalooliye

Wiertło

dayactir

naprawić

badiil

Łopatka

inkaar kugu dhacday!

Cholera!

bus-xaabiye

Szufelka

gasacad rinji

Puszka z farbą

boolal

Śruby

qalab muusiko
Instrumenty muzyczne

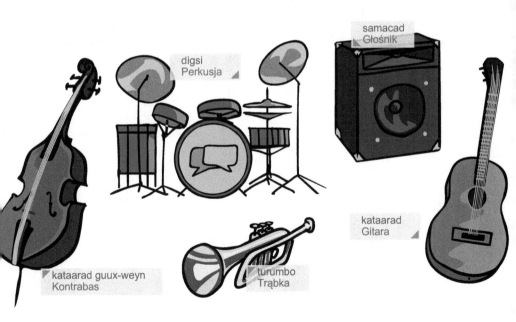

samacad
Głośnik

digsi
Perkusja

kataarad
Gitara

kataarad guux-weyn
Kontrabas

turumbo
Trąbka

biyaano

Pianino

fiyooliin

Skrzypce

karaarad guux-dheer

Bas

durbaan-sheegagle

Kotły

durbaan

Bęben

loox-xarfeed-biyaano

Keyboard

turumbo

Saksofon

siin-baar

Flet

makarafoon

Mikrofon

shabeel
Tygrys

irrid
Wejście

qafis
Klatka

dameer-farow
Zebra

baad-xayawaan
Pasza

baanda
Panda

xayawaan

Zwierzęta

maroodi

Słoń

kaangaruu

Kangur

wiyil

Nosorożec

goriille

Goryl

oorso

Niedźwiedź

geel

Wielbłąd

gorayo

Struś

libaax

Lew

daanyeer

Małpa

xiita-luga-dheer

Fleming

baqbaqaa

Papuga

oorso baraf-ku-nool

Niedźwiedź polarny

shimbir baraf

Pingwin

libaax-badeed

Rekin

daa'uus

Paw

mas

Wąż

yaxaas

Krokodyl

beer-xayawaan ilaaliye

Dozorca w zoo

bahal kalluun-cun

Foka

shabeel-u-eke

Jaguar

dhal faras

Kucyk

harmacad

Gepard

jeer

Hipopotam

geri

Żyrafa

gorgor

Orzeł

doofaar-jilibeey

Dzik

kalluun

Ryba

qubo

Żółw

maroodi-badeed

Mors

dawaco

Lis

deero

Gazela

kubadda-cagta maraykanka
Futbol amerykański

tartanka bashkuleetiga
Kolarstwo

kubbadda miiska
Tenis

kubbadda koleyga
Koszykówka

dabaal
Pływanie

hookiga barafka lagu dł
Hokej na lodzie

cayaarta feerka
Boks

kubadda cagta
·······················
Piłka nożna

baadminton
·······················
Badminton

ciyaaraha fudud
·······················
Lekka atletyka

kubadda gacanta
·······················
Piłka ręczna

iskii/ciyaarta barafka
·······················
Narciarstwo

cayaar-faras
·······················
Polo

qosol
śmiać się

boodid
skakać

hab-siin
objąć

soco
iść

hees
śpiewać

riyo
marzyć

duceyso
modlić się

dhunkasho
całować

qorraxeed

pisać

masawirid

rysować

muuji

pokazywać

riix

nacisnąć

sii

dać

qaado

wziąć

haysasho

mieć

samee

robić

ahaansho

być

istaag

stać

orod

biegać

jiid

ciągnąć

tuur

rzucać

dhicid

spaść

been-sheegid

leżeć

sug

czekać

qaad

nosić

fariiso

siedzieć

labiso

zakładać

seexo

spać

toos

budzić się

fiiri

spojrzeć

ooy

płakać

dhuftay

głaskać

shanleyso

czesać się

hadal

mówić

faham

rozumieć

weydii

pytać

dhageysasho

słyszeć

cab

pić

cun

jeść

habee

sprzątać

jacayl

kochać

kari

gotować

kaxee

jechać

duulid

latać

shiraaco

żeglować

xisaabi

liczyć

akhri

czytać

barasho

uczyć się

shaqee

pracować

guurso

wejść w związek małżeński

tol

szyć

cadayso

myć zęby

dilid

zabić

sigaar cab

palić tytoń

dir

wysłać

ayeeyo
Babcia

awoowe
Dziadek

aabbe
Ojciec

hooyo
Matka

ilmo
Niemowlę

gabar
Córka

wiil
Syn

marti

Gość

eeddo

Ciotka

adeer

Wujek

walaal rag

Brat

walaal dumar

Siostra

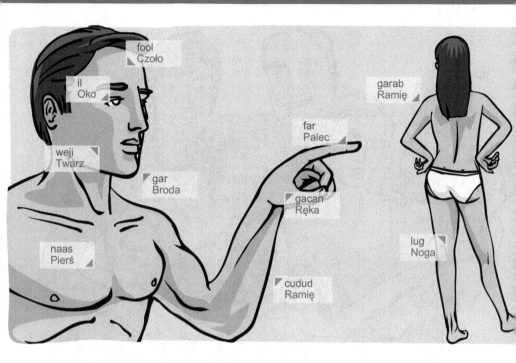

fool
Czoło

il
Oko

garab
Ramię

far
Palec

weji
Twarz

gar
Broda

gacan
Ręka

naas
Pierś

lug
Noga

cudud
Ramię

ilmo

Niemowlę

nin

Mężczyzna

naag

Kobieta

gabar

Dziewczyna

wiil

Chłopiec

madax

Głowa

dhabar

Plecy

calool

Brzuch

xuddun

Pępek

suul

palec nogi

cirib

Pięta

laf

Kość

sin

Biodro

jilib

Kolano

xusul

Łokieć

san

Nos

bari

Pośladki

maqaar

Skóra

dhafoor

Policzek

dheg

Uszy

bishin

Warga

af

Usta

ilig

Ząb

carrab

Język

maskax

Mózg

wadno

Serce

muruq

Mięsień

sambab

Płuca

beer

Wątroba

uur kujirta caloosha

Żołądek

kelyo

Nerki

galmo

Stosunek płciowy

cinjir-galmo

Kondom

ugxan

Komórka jajowa

shahwo

Sperma

uur

Ciąża

caado

Menstruacja

siil

Wagina

gus

Penis

suni

Brew

timo

Włosy

qoor

Szyja

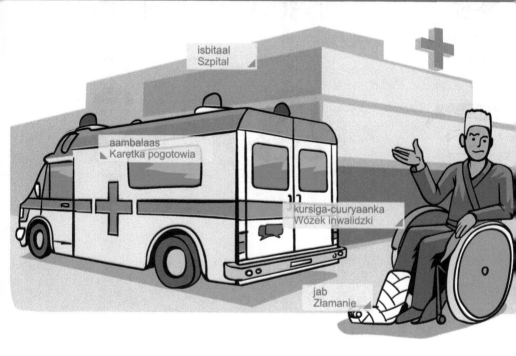

isbitaal
Szpital

aambalaas
Karetka pogotowia

kursiga-cuuryaanka
Wózek inwalidzki

jab
Złamanie

dhakhtar

Lekarz

qolka xaaladaha-degdega
ah
Izba przyjęć

kalkaaliye

Pielęgniarka

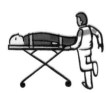

xaalad deg-deg ah

Nagły przypadek

miyir-beelsan

nieprzytomny

xanuun

Ból

dhaawac
....
Skaleczenie

dhiig-bax
....
Krwawienie

wadno-xanuun
....
Zawał serca

qallal
....
Udar mózgu

xasaasiyad
....
Alergia

qufac
....
Kaszleć

qandho
....
Gorączka

hargab
....
Grypa

shuban
....
Biegunka

madax-xanuun
....
Ból głowy

kansar
....
Rak

cudurka sokoroow
....
Cukrzyca

dhakhtarka-qalliinka
....
Chirurg

mindida qalliinka
....
Skalpel

qalliin
....
Operacja

iskaan

CT

raajo

Rentgen

dhawaaq-xawaareed

Ultradźwięki

maaskaro

Maska

cudur sokoroow

Choroba

qolka sugitaanka

Poczekalnia

ul lagu boodo

Kula

kab

Plaster

faashato

Opatrunek

duris

Iniekcja

wadne-dhegeyeste

Stetoskop

balankiino

Nosze

heer-kul-beega qandhada

Termometr

dhalasho

Poród

aad-u-cayilan

Nadwaga

maqal-caawiye

Aparat słuchowy

jeermis-dile

Środek dezynfekcyjny

caabuq

Infekcja

feyras

Wirus

AYDHIS/HIV

HIV / AIDS

daawo

Medycyna

tallaal

Szczepienie

kaniiniyo

Tabletki

kaniin

Pigułka

wicitaan deg-deg ah

Telefon ratunkowy

cabbiraha dhiig-karka

Ciśnieniomierz krwi

xanuunsan / caafimaadsan

chory / zdrowy

i caawiya!

Pomocy!

sawaxan

Alarm

weerar-kadisa ah

Napad

weerar

Atak

khatar

Niebezpieczeństwo

irridda bixida xaalad-deg-deg

Wyjście awaryjne

dab!

Pożar!

dab demiye

Gaśnica

shil

Wypadek

saduuqa xaalada-degdegaah

Walizeczka pierwszej pomocy

codsi badbaado

SOS

booliis

Policja

Yurub

Europa

woqooyiga ameerika

Ameryka Północna

koonfurta ameerika

Ameryka Południowa

Afrika

Afryka

Aasiya

Azja

Oostareeliya

Australia

Atlaantik

Atlantyk

Pacific

Pacyfik

Bad-waynta hindiya

Ocean Indyjski

Bad-waynta antarctica

Ocean Antarktyczny

Bad-waynta arctic

Ocean Arktyczny

cirifka waqooyi

Biegun północny

cirifka koonfureed

Biegun południowy

Antarctica

Antarktyda

dhul

Ziemia

dhul

Kraj

bad

Morze

jasiirad

Wyspa

waddan

Naród

gobol

Państwo

wajiga saacadda

Cyferblat

gacanka saacada

Wskazówka godzinowa

gacanka daqiiqada

Wskazówka minutowa

gacanka ilbiriqsiga

Wskazówka sekundowa

waa intee saac?

Która godzina?

maalin

Dzień

wakhti

Czas

hadda

teraz

saacadda jiifarrada

Zegarek digitalny

daqiiqad

Minuta

saacad

Godzina

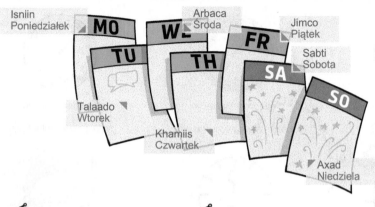

Isniin
Poniedziałek

Arbaca
Środa

Jimco
Piątek

Sabti
Sobota

Talaado
Wtorek

Khamiis
Czwartek

Axad
Niedziela

shalay

wczoraj

maanta

dzisiaj

berri

jutro

subax

Rano

duhur

Południe

casir

Wieczór

maalmaha shaqo

Dni robocze

dabayaaqada usbuuca

Weekend

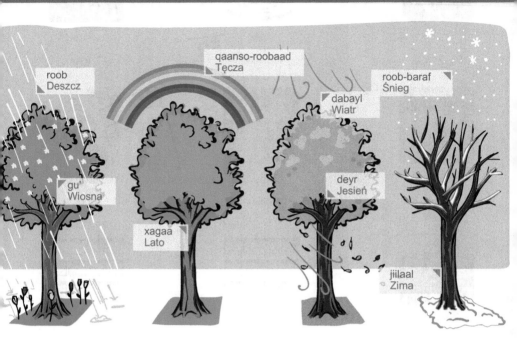

roob
Deszcz

qaanso-roobaad
Tęcza

roob-baraf
Śnieg

dabayl
Wiatr

gu'
Wiosna

deyr
Jesień

xagaa
Lato

jiilaal
Zima

saadaal hawo

Prognoza pogody

heer-kul baare

Termometr

qorraxeed

Światło słoneczne

daruur

Chmura

ceeryaamo

Mgła

huur

Wilgotność powietrza

jac

Błyskawica

onkod

Grzmot

duufaan

Sztorm

roob-baraf

Grad

maansuun

Monsun

daad

Potop

baraf

Lód

Jannaayo

Styczeń

Febraayo

Luty

Maarso

Marzec

Abriil

Kwiecień

Mey

Maj

Juun

Czerwiec

Luulyo

Lipiec

Agoosto

Sierpień

Sebteember
....
Wrzesień

Oktoobar
....
Październik

Nofeember
....
Listopad

Diseember
....
Grudzień

qaababka
Kształty

goobaabo
....
Koło

afar-gees
....
Kwadrat

leydi
....
Prostokąt

saddex-xagal
....
Trójkąt

wareeg
....
Kula

bokis
....
Sześcian

caddaan
biały

hurdi
żółty

oranji
pomarańczowy

guduud-khafiif
różowy

casaan
czerwony

carwaajis
liliowy

bluug
niebieski

cagaar
zielony

boroon
brązowy

cawl
szary

madow
czarny

badan / yar

dużo / mało

caro / daganaan

wściekły / spokojny

qurxoon / foolxun

piękny / brzydki

billow / dhammaad

początek / koniec

yar / weyn

duży / mały

iftiin / mugdi

jasny / ciemny

walaalkaa / walaashaa

brat / siostra

nadiif / wasakhaysan

czysty / brudny

buuxa / dhantaalan

kompletny / niekompletny

maalin / habeen

dzień / noc

dhintay / nool

umarły / żywy

ballaaran / ciriiri ah

szeroki / wąski

la cuni karo / aan la cuni karin

jadalny / niejadalny

arxan-daran / naxariis-badan

zły / uprzejmy

faraxsan / caajisan

podniecony / znudzony

buuran / caateysan

gruby / chudy

ugu horeeya / ugu dambeeya

najpierw / na końcu

saaxiib / cadaw

przyjaciel / wróg

maran / buuxa.

pełen / pusty

adag / jilicsan

twardy / miękki

culus / fudud

ciężki / lekki

gaajo / oon

głód / pragnienie

xanuunsan / caafimaadsan

chory / zdrowy

sharci-darro / sharci

nielegalny / legalny

caaqil / dabbaal

inteligentny / głupi

bidix / midig

lewo / prawo

dhow / fog

bliski / daleki

cusub / duug

nowy / używany

waxba / wax

nic / coś

da' / dhalinyar

stary / młody

daaris / damin

włącz / wyłącz

furan / xiran

otwarty / zamknięty

aamusnaan / cod-dheer

cichy / głośny

taajir / sabool

bogaty / biedny

sax / khalad

prawidłowy / błędny

jilif leh / sabiibax

chropowaty / gładki

murugsan / faraxsan

smutny / szczęśliwy

gaaban / dheer

krótki / długi

tartiib / dhaqsi

powolny / szybki

qoyaan / qalleyl

mokry/suchy

qandac / qabow

ciepły / chłodny

dagaal / nabad

wojna / pokój

0

eber

zero

1

kow

jeden

2

laba

dwa

3

saddex

trzy

4

afar

cztery

5

shan

pięć

6

lix

sześć

7

toddoba

siedem

8

sideed

osiem

9

sagaal

dziewięć

10

toban

dziesięć

11

kow iyo toban

jedenaście

12

laba iyo toban

dwanaście

13

sadex iyo toban

trzynaście

14

afar iyo toban

czternaście

15

shan iyo toban

piętnaście

16

lix iyo toban

szesnaście

17

todoba iyo toban

siedemnaście

18

sideed iyo toban

osiemnaście

19

sagaal iyo toban

dziewiętnaście

20

labaatan

dwadzieścia

100

boqol

sto

1.000

kun

tysiąc

1.000.000

malyuun

milion

Af ingiriis

Angielski

Ingiriiska Mareykanka

Angielski amerykański

Mandariinka Shiinaha

Chiński mandaryński

Hindi

Hindi

Boortaqiis

Hiszpański

Faransiis

Francuski

Carabi

Arabski

Ruush

Rosyjski

Boortaqiis

Portugalski

Bengaali

Bengalski

Jarmal

Niemiecki

Jabaaniis

Japoński

aniga

ja

adiga

ty

asaga / ayada

on / ona / ono

annaga

my

idinka

wy

ayaga

oni

kee?

kto?

maxay?

co?

sidee?

jak?

xagee?

gdzie?

goorma?

kiedy?

magac

Nazwisko

gadaal

za

gudaha

w

horta

przed

ka sare

powyżej

dusha

na

ka hooseeya

pod

dhinac

obok

u dhexeeya

między

meel

Miejsce